Más allá del tiempo / Jenseits der Zeit

Poemas / Gedichte

edición bilingüe / zweisprachige Ausgabe

Para Uta, Diana, Alejandro y Emmanuel.
Amor, Coraje, Cariño y Alegría!

Für Uta, Diana, Alejandro und Emmanuel.
Liebe, Mut, Zuneigung und Freude!

Julio Ardila

Más allá del tiempo / Jenseits der Zeit

Poemas / Gedichte

edición bilingüe / zweisprachige Ausgabe
Übersetzt von Reiner Kornberger

© 2023, Julio Ardila (texto), Alejandro Ardila (portada)
ISBN: 978-3-7578-1217-1
Herstellung und Verlag: BoD - Books on Demand,
Noderstedt

Prólogo

Un ramillete de poemas de diferentes colores – ¿quién los compuso y cuál es el suelo que los vio crecer? El autor, como se puede leer en la tapa, es Julio Ardila quien vio la luz del día en Villavicencio en los Llanos Orientales de Colombia.

Sus textos tienen su origen allá, pero luego emprendieron vuelo y se afincaron en la vieja Europa donde vive ahora.

Julio es ante todo hombre del teatro. Su pasión por las artes escénicas data ya desde sus años en un colegio de Bogotá. Luego pasó a estudiar en la Escuela Nacional de Arte Dramático y empezó a montar y presentar piezas a base de obras literarias. En algún momento se decidió a trabajar solo y llegó ser en su país el pionero del teatro unipersonal que paradójicamente llamó Teatro Colectivo. Con su versión del cuento »El atravesado« de Andrés Caicedo, que tiene como tema la violencia en Colombia, alcanzó a hacer unas mil funciones en Colombia y Europa. Cuando pasó de los Llanos Orientales de Colombia a los llanos norteños de Alemania mantuvo sus actividades dedicadas al teatro presentando sus piezas unipersonales hasta que todos los hispanohablantes de su nueva patria las conocían. Luego, durante más de una década, dirigió un grupo de teatro donde presentó varios montajes de escritores como Anton Chejov, García Lorca y Darío Fo, entre otros. El gran interés de los alemanes por el idioma castellano le abrió la posibilidad de dedicarse a la docencia del idioma en la Universidad Popular de Bremen. Ya que pensó que los materiales para alumnos avanzados no reflejaban muy bien la realidad del mundo hispánico, se juntó con un colega (el autor de estas líneas) que opinaba lo mismo y juntos sacaron tres libritos que pretendieron dar una visión más compleja de la realidad histórica y sociopolítica de las civilizaciones. »Yo, Malinche« describe el choque de culturas durante la conquista de México, »Amapola sangrienta« tiene como tema el narcotráfico y su impacto en las naciones productoras de la droga y »Yusuf, un clandestino en busca del paraíso« narra las vivencias de uno de millones de personas que dejan su tierra para forjarse una vida mejor en Europa.

Julio es también un apasionado lector de poesía. Desde sus días en Bogotá solía escribir poemas que leyó a sus amigos para después guardarlos en un cajón. Una vez lo convencieron de participar en un concurso y quedó entre los finalistas. Sólo ahora, muchos años después, se atreve a entregar una selección de estos textos a los/las amantes del género literario más libre que es la poesía.

Allí descubriremos los motivos más diversos: situaciones arquetípicas, reflexiones sobre el lenguaje, referencias a otros autores, recuerdos personales y textos que parecen minicuentos. En suma: un ramillete de poemas de diferentes colores.

Reiner Kornberger

Vorbemerkung

Ein bunter Strauß von Gedichten. Wer hat sie zusammengestellt und auf welchem Grund sind sie gewachsen? Der Autor ist, wie dem Einband zu entnehmen, Julio Ardila, der das Licht der Welt in Villavicencio in den Llanos Orientales (dem östlichen Flachland) von Kolumbien erblickte. Dort haben seine Texte ihren Ursprung, doch dann schwangen sie sich auf und ließen sich im alten Europa nieder, wo der Autor heute lebt.

Julio ist vor allem ein Theatermensch. Seine Leidenschaft für die szenischen Künste begann in seiner Schulzeit in einem Gymnasium von Bogotá. Er studierte dann an der Nationalen Schauspielschule und begann auf der Basis literarischer Werke Stücke zu montieren und aufzuführen. Irgendwann fasste er den Entschluss, alleine zu arbeiten und wurde in seinem Land zum Begründer des Einpersonentheaters, das er paradoxerweise Teatro Colectivo nannte. Seine Version der Erzählung »El atravesado« von Andrés Caicedo, welche die Gewalt in Kolumbien zum Thema hat, zeigte er etwa tausendmal in Kolumbien und Europa. Als er von den Llanos Orientales Kolumbiens zu den Nördlichen Llanos Deutschlands umzog, setzte er seine Theaterarbeit mit der Aufführung seiner Einpersonenstücke fort, bis alle Spanischkundigen seiner neuen Heimat sie kannten. Mehr als zehn Jahre lang leitete er eine Theatergruppe und präsentierte Bearbeitungen von Schriftstellern wie Anton Tschechov, García Lorca und Darío Fo. Das große Interesse der Deutschen für das Spanische eröffnete ihm die Möglichkeit, die Sprache an der Volkshochschule Bremen zu unterrichten. Da er der Meinung war, dass die Materialien für fortgeschrittene Lerner die Realität der spanischsprachigen Welt nur unzureichend widerspiegelten, tat er sich mit einem gleichgesinnten Kollegen (dem Schreiber dieser Zeilen) zusammen. Gemeinsam schrieben sie drei Lektüren mit dem Anspruch, eine komplexere Sicht auf die geschichtliche und soziopolitische Wirklichkeit der Zielkulturen zu vermitteln. „Ich, Malinche" beschreibt das Aufeinanderprallen der Kulturen während der Konquista Mexikos, „Amapola sangrienta" thematisiert den Drogenhandel und seine Auswirkungen auf die drogenproduzierenden Nationen und „Yusuf, ein Illegaler auf der Suche nach dem Paradies" erzählt die Erlebnisse eines von Millionen Menschen, die ihr Land verlassen, um sich ein besseres Leben in Europa aufzubauen.

Julio ist auch ein begeisterter Leser von Dichtung. Schon in Bogotá pflegte er Gedichte zu schreiben, die er Freunden vorlas, um sie dann in der Schublade verschwinden zu lassen. Einmal ließ er sich überzeugen, an einem Wettbewerb teilzunehmen und erreichte einen der ersten Plätze. Erst heute, viele Jahre später, traut er sich, eine Auswahl dieser Texte den LiebhaberInnen der Lyrik, dieser freiesten der literarischen Gattungen, anzubieten. Wir werden dort die unterschiedlichsten Motive entdecken: archetypische Situationen, Reflexionen über die Sprache, Verweise auf andere Autoren, persönliche Erinnerungen und Texte, die Mikroerzählungen zu sein scheinen. Kurz: ein bunter Strauß von Gedichten.

Reiner Kornberger

ANTES DEL HURACÁN

Al mago,
ya en el cadalso,
se le preguntó
por su último
deseo.
Y desapareció.

VOR DEM ORKAN

Den Magier,
schon auf dem Schafott,
fragte man
nach seinem letzten
Wunsch.
Da verschwand er.

FÁCIL

El día que mataron a mi general,

¡cómo lo acribillaron!

el carnaval comenzaba.

Ni las actas, ni los decretos, ni los homenajes,

conmovieron a nadie.

Solo Nerón, su perro, lloró.

Las sirenas ya no suenan

para anunciar el paredón

y los fusiles lloran plomo

porque no los disparan.

Hasta dónde irá la muerte de mi general,

Que ya no veo nubes. Todo es luz.

A lo lejos las gaviotas aletearon.

El viento las llevó y las trajo aquí a mi lado.

Vi la vía del viento.

SO EINFACH

Am Tag, als sie meinen General töteten,
- und wie sie ihn durchsiebten!-
da begann der Karneval.
All die Zeremonien, Dekrete, Ehrungen
erschütterten niemanden.
Nur Nero, sein Hund, weinte.
Kein Heulen von Sirenen
kündigt mehr Erschießungen an
und die Gewehre weinen Tränen aus Blei,
die sie nicht mehr verschießen können.
Was vermag nicht alles der Tod meines Generals,
denn ich sehe keine Wolken mehr. Licht überall.
In der Ferne Flügelschlag von Möwen.
Der Wind nahm sie mit.
So sah ich die Straße des Windes.

DE NOSOTROS

Para Alejandro Ardila

Estas palabras tan frescas, como tú,
ahora que son las once,
como el poema instantaneo,
como pagar el café,
como saber que estás ahí donde yo te recuerdo,
siempre si se puede decir,
porque lo importante es poder decir las cosas
inventando.
Las palabras se las fueron inventando los hombres,
de puro solitarios.
Pero los grafos que llevamos escondidos
en cada pedazo de nosotros,
todos,
son semejantes
a nuestros ancestros.
Por eso a las once,
instantaneamente,
quiero continuar mis dias
para dártelos.

ÜBER UNS

Für Alejandro Ardila

So frische Wörter, wie du,
jetzt um 11 Uhr,
so wie das unvermittelte Gedicht,
wie den Kaffee zu bezahlen,
wie zu wissen, dass du da bist, in meiner Erinnerung,
und zwar immer, kann man doch sagen,
denn das Wichtige ist, die Dinge sagen zu können
qua Erfindung.
Die Wörter, nach und nach von den Menschen erfunden,
aus purer Einsamkeit.
Doch die Graphen tragen wir verborgen
in jedem Stück von uns,
sie alle
ähneln unsern
Vätern.
Drum will ich um 11,
hier und jetzt,
meine Tage aneinanderreihen,
um sie dir zu geben.

CANTO

Yo canto porque siento
y porque quiero.
Y canto a ti
en cancion.
Y canto a la mañana que nos cobijaba
cuando estuvimos amándonos
detrás de la puerta
que nos recordaba ayer
cuando fuimos dueños
de aviones de papel.
Yo canto porque siento
Y no porque quiero.

ICH SINGE

Ich singe, weil ich fühle
und weil ich will.
Und dir singe ich
ein Lied.
Und ich besinge den Morgen, der uns umfing,
als wir uns liebten
hinter der Tür,
die gestern an uns dachte,
als wir Besitzer
von Papierfliegern waren.
Ich singe, weil ich fühle
und nicht, weil ich will.

ADIVINA

El pájaro

que murió volando,

se parece al hastío

que queda

después de tanta promesa

convertida en guerra.

Y es como estar

con tantas vidas encima

y la muerte acechando mis pasos

cada día,

en cada sueño,

en cada frase,

en cada idea.

Ella escondida en las columnas del tiempo, agazapada,

sin darse cuenta,

parcamente,

que antes la degollé con su guadaña.

Presente haciendo estoy.

RATE MAL

Der im Flug
verstorbene Vogel
gleicht dem Überdruss,
der nach so viel
Krieg gewordenem Versprechen
übrig bleibt.
Als lasteten so viele
Leben auf uns
und mich lauerte der Tod auf,
täglich,
in jedem Traum,
in jedem Satz,
in jedem Gedanken.
Versteckt kauert er hinter den Säulen der Zeit,
und merkt
einfach nicht,
dass ich ihn mit seiner Sichel enthauptet habe.
So schaffe ich Gegenwart.

HABÍA UNA VEZ

Cuando vi el último escalón
y supe que tenía que subir
conté cuántos había
y nunca terminé.
Voy de paso.
El camino
está pintado con los colores
de los momentos que recorrimos.
Todo me huele a cadmios.
La lluvia pasó.
Con sequía,
preparados con odres,
como argonautas,
nos disponemos a recorrer el mundo,
Sólo tú y yo.

ES WAR EINMAL

Als ich die letzte Stufe sah
und verstand, dass ich hinauf musste,
zählte ich, wieviel es waren
und kam zu keinem Ende.
Ich bin auf der Durchreise.
Der Weg trägt die Farben
all der Momente
die wir durchlebten.
Für mich riecht alles nach Kadmium.
Der Regen endete.
In der Dürre,
ausgestattet mit Weinschläuchen
wie die Argonauten,
gehen wir auf Weltreise,
nur du und ich.

ZUMBA

Los vientos
traen ángel y duende.
Voy a verlos en la cima
zumbando sin fin.
Llegan
hasta la ventana abierta
tocan todo.
Pasan y los árboles bailan.
Los vientos se deslizan,
suave,
flotando en ritmos
que
me llevan.
Son las cinco.

DAS SAUSEN

Die Winde bringen
Engel und Dämon.
Auf dem Gipfel sehe ich
ihr endloses Sausen.
Sie kommen
ans offene Fenster
und berühren alles.
Beim Vorbeiziehen tanzen die Bäume.
Die Winde gleiten vorbei,
sanft,
fließen in Rhythmen,
die
mich davontragen.
Es ist fünf Uhr.

MILAGRO

Hay ideas buenas
dijo el poeta,
mientras sacaba
de su bolso
una varita
e inundaba
de estrellas
la ciudad.

DAS WUNDER

Hier sind gute Ideen,
sagte der Dichter,
zog aus
seiner Tasche
eine Rute
und übersäte
die Stadt
mit Sternen.

DE PESO

El peso de las cosas
sobre el piso,
suena
y puede vibrar
si pesa tanto
y cae.
Luego, las cosas
tan en reposo.
Los cuerpos,
quedan en su quietud
que parece de siglos.
Ya todo es aquí,
El sol y lo que hay.
Esta noche
voy a soñar mares.

VOM GEWICHT

Das Gewicht der Dinge
kann beim heftigen Aufprall
den Boden
zum Klingen
und Vibrieren
bringen.
Dann liegen die Dinge
so ruhig da.
Die Körper verharren
in ihrer Stille
wie von Jahrhunderten.
Alles ist schon da,
die Sonne und alles andere.
Heute Nacht werde ich
im Meer der Träume versinken.

SIN PALABRAS

Para decir de cosas
con palabras
para qué
algunas veces pienso
mientras tomo algo caliente
y me refresco
como ahora.
Decir.
Para qué decir
tantas palabras
para las cosas.

WORTLOS

Die Dinge zu bereden,

mit Worten,

wozu

denke ich manchmal,

wenn ich wie jetzt

Erfrischung suche

bei einem heißen Getränk.

Sagen.

Warum so viele

Worte sagen

für die Dinge.

CANDELA DE FUEGO

Bailar
es mostrar el alma,
con disciplina de golondrina,
de samurai.
Por eso no se anda en la maleza,
se anda en el jardín.
Como un sultán.

Bailar.

Y sentir esta casa
impregnada de tí.
Bailar
es mostrar el alma.

FEUERKERZE

Tanzen
heißt die Seele zeigen,
mit der Disziplin der Schwalbe,
des Samurai.
Darum wandelt man nicht durch Gestrüpp,
man wandelt im Garten.
Einem Sultan gleich.

Tanzen.

Und dieses Haus durchdrungen
fühlen von dir.
Tanzen
heißt die Seele zeigen.

LA VIDA EN SUEÑO

Aún recuerdo que veía
mundos diferentes
con los mismos personajes.
Espacios paralelos.
Calderón de los ensueños,
de la Barca navegante
y de la vida el sueño más real.
Ensueño el devenir.
La vida en sueño.

DAS LEBEN IM TRAUM

Da fällt mir ein, wie ich
andere Welten
bei denselben Personen sah.
Parallele Räume.
Calderón der Träume,
der mit der segelnden Barke
und des Lebens wirklichster Traum.
Traum des Kommenden.
Das Leben im Traum.

CARRETA EBRIA

Sedientos,
los borrachos
ebrios
de felicidad,
bebieron
su última copa
y salieron
a repetir la noche
en otro bar.

TRUNKENER KARREN

Durstig
leerten
die Trunkenen
trunken
vor Glück
das letzte Glas
und gingen hinaus,
um die Nacht fortzusetzen
in einer anderen Bar.

AFILADOR

Sin saber empezar,
cogiendo un lápiz,
dejando que la imagen vaya
fluye esto que se plasma.
Llega el sonido,
aquí lo anoto,
sin que percibas que está presente.
Los murmullos caminando.
Los ruidos corriendo.
Los susurros arrullando.
Estoy afilando este cuchillo
y pienso en ti.
Estamos afilando los cuchillos.

MESSERSCHLEIFER

Unschlüssig, wie anzufangen,
zum Bleistift greifend,
dem Bild Raum lassend,
fließt es und gestaltet sich.
Dazu der Klang,
hier notiere ich ihn,
und du merkst nicht, dass er da ist.
Und weiter geht das Gemurmel,
die Geräusche laufen.
Das Flüstern lullt ein.
Ich schleife dieses Messer
und denke an dich.
Wir schleifen die Messer.

YA

La inmortalidad del momento
siempre infinita,
que me recuerda hoy, a las 7,
un día de marzo,
no deja cicatrices,
ni historias que se fueron.
El segundo en este mundo
ilimitado
respira sin tiempo, ni medida,
mientras afuera la rapiña se levanta bostezando.

SCHON

Die immer unendliche Unsterblichkeit
des Augenblicks,
die mich heute, um sieben Uhr,
an einen Märztag erinnert,
hinterlässt keine Narben,
auch keine ungelebten Geschichten.
In dieser unbegrenzten Welt
atmet die Sekunde
zeitlos, maßlos,
während draußen die Bestien gähnend erwachen.

DISOLUCIÓN

Cansado de oir
carcajadas que
no expresan
y luego de escuchar
tantos gritos
que juntos me dicen
no sé qué,
recojo mis papeles
y regreso al hogar
al calor, a la chimenea
para esperar que sea mañana
y no volver a caer
en las fauces de las bestias.
Salir de lo malo y de lo bueno.
Así sea.

AUFLÖSUNG

Müde, ausdrucksloses
Gelächter
und so viel
Geschrei
zu vernehmen,
das mir, ich weiß nicht was,
sagen will,
raffe ich meine Papiere zusammen
und gehe nach Hause,
in die Wärme, zum Kamin
und warte, dass es Morgen wird
und ich nicht wieder
in den Rachen der Bestien falle.
Nur weg vom Schlechten, nur weg vom Guten.
So soll es sein.

HASTÍO

Dejé tus brazos
y me fui a Valencia.
Allí probé del zumo
de otros vientres
y amanecí embriagado,
en medio del placer.
Quién eres: preguntaste
y tus senos me dieron
el aliento
para soportar el día
que llegaba sin su pan.
Cansado de andar,
sin bocado entre los dientes,
vuelvo a tus brazos
y abandono Valencia.

ÜBERDRUSS

Ich entschwand deinen Armen
und ging nach Valencia.
Dort kostete ich den Saft
anderer Leiber
und erwachte berauscht
inmitten der Lust.
Wer bist du, fragtest du
und deine Brüste hauchten mir
den Atem ein,
um den Tag zu erdulden,
der brotlos daherkam.
Müde des Umherstreifens
ohne etwas zwischen den Zähnen
kehre ich in deine Arme zurück
und verlasse Valencia.

YA VOY

Cada carcajada
tiene su razón.
Eso lo dijo Misael Torres*, muy en serio,
antes de salir.
Sabía dónde estaba.
Estabamos todos.
Solo eso.
Ahora,
y hasta el fin,
te veo cómo preguntas por el último poema.
No debería decir esto,
hablando de carcajadas, brindis
y lenguas de fuego
entre nosotros.
Pero así es.

* Actor colombiano

ICH GEH JA SCHON

Jedes Gelächter
hat einen Grund.
Das sagte Misael Torres*, ganz ernst,
bevor er ging.
Er wusste, wo er war.
Alle waren wir da.
Nur das.
Jetzt, und bis
in alle Ewigkeit
sehe ich dich nach dem letzten Gedicht fragen.
Von Gelächter, von Trinksprüchen
und Feuerzungen
zwischen uns
sollte ich nicht reden.
Aber so ist es.

* Kolumbianischer Schauspieler

EL MARINERO

Luego de cuarenta
noches
perdido en altamar,
al ver pasar
una estrella fugaz
se dijo para sí:
¡Qué alivio!
No estoy solo.

DER SEEMANN

Nach vierzig Nächten,
einsam
auf hoher See,
sah er eine Sternschnuppe
vorüberziehen
und sprach zu sich:
Welche Erleichterung!
Ich bin nicht allein.

HOJA VACÍA

En medio de tanto,
todavía no sé
qué escribir.
Con este compás, con este tic tac
que siempre me acompaña,
tarareo melodías
que son para escribir;
igual que los poemas repentinos.
Todo por hacer,
espera en esta hoja.
Todavía no sé.

LEERES BLATT

Zwischen all den Dingen
weiß ich einfach nicht,
was ich schreiben soll.
Bei diesem Takt, bei diesem Ticktack,
das mich immer umgibt,
trällere ich Melodien,
die gut zum Schreiben sind;
so wie die plötzlichen Gedichte.
Alles ist noch offen,
wartet auf diesem Blatt.
Ich weiß noch nicht.

SILBA POR EL CAMINO

Lento, de noche,
su caballo
lo llevó al rancho.
Se apeó.
No todo
lo que brilla es oro,
pensó,
mientras abría
su saco de tul
y esparcía
por el aire
cientos de
luciérnagas.

UNTERWEGS PFEIFEND

Langsam brachte ihn,
in der Nacht,
das Pferd zur Ranch.
Er stieg ab.
Nicht alles, was glänzt,
ist Gold,
dachte er,
während er seinen Beutel
aus Tüll öffnete
und Hunderte
von Leuchtkäfern
in die Luft
schleuderte.

NOCHE DE LOCOS

Loco de tanto pensar,
dejó la lanza, la adarga,
volvió a leer sus libros
y a dormir en brazos
de su amada.
De madrugada despertó
con la presencia
del caballero de la blanca luna
en un rincón.
Se levantó con sigilo,
lanza en ristre…
En una esquina
Doré pintaba el momento.

NACHT DER NARREN

Vom vielen Denken verrückt,
legte er Lanze und Schild auf Seite,
las wieder in seinen Büchern
und schlief in den Armen
seiner Geliebten.
Morgens wachte er auf
und vor ihm stand
in einem Winkel
der Ritter vom weißen Mond.
Behutsam stand er auf,
und griff zur Lanze…
In einer Ecke
malte Doré den Augenblick.

SI PUDIERA

Si de tratar pudiera
conjurar el hechizo
rompería las murallas
que silencian nuestra voz.
Si de romper pudiera
el silencio que nos une,
congelaría tu mirada
para volverte a ver.
Si congelar pudiera
tu mirada por siempre,
no sé qué pasaría.

Si yo pudiera…

KÖNNTE ICH NUR

Könnte ich nur versuchen,

den Zauber zu beschwören,

durchbräche ich die Mauern,

die deine Stimme verstummen lassen.

Könnte ich nur die Stille,

die uns eint, durchbrechen,

ließe ich deine Blick gefrieren,

um dich wiederzusehen.

Könnte ich nur deinen Blick

für immer gefrieren,

ich wüßte nicht, was geschähe.

Könnte ich nur…

INUNDADOS

Vimos que el grifo se abría
y aparecían las palabras.
Luego con precaución
y a cuentagotas
nos sentimos embarcados
en un poema imposible.
Encima de las olas
gritamos de alegría
al ver que cada verso
nos llevaba al infinito.

ÜBERSCHWEMMUNG

Wir sahen die Wörter
aus dem Wasserhahn strömen.
Dann, mit aller Vorsicht
und Tropfen um Tropfen,
wähnten wir uns an Bord
eines unmöglichen Gedichts.
Hoch über den Wellen
schrien wir vor Freude,
als wir sahen, wie jeder Vers
uns ins Unendliche entführte.

HACE MUCHO

La última noche
que pasé contigo
dejé mis sueños
en tu almohada
y hasta ahora
no he vuelto
a verte
cuando sueño.

SCHON LANGE HER

In der letzten Nacht
mit dir
ließ ich meine Träume
auf deinem Kopfkissen
und bis heute
habe ich dich
nicht wiedergesehen
wenn ich träume.

NI UNA SÍLABA

Ellos aplaudieron
a rabiar,
He dicho,
dijo el conferencista
luego de noventa
minutos
de silencio.

KEINE EINZIGE SILBE

Sie applaudierten
frenetisch.
Ich habe gesprochen,
sagte der Vortragende
nach neunzig
Minuten
der Stille.

BILOCACIÓN

Estar en mí,
estar en ti,
estar en ellos, en vosotros todos.
Estar presente en muchos bares,
pero siempre estar
aquí a tu lado.

BILOKATION

In mir sein,
in dir sein,
in ihnen, in euch allen sein.
In vielen Kneipen zugegen sein,
aber immer hier
an deiner Seite sein.

LOS FANTASMAS

Los fantasmas trajeron recuerdos ancestrales.
Y luego de saber que esos pasos ya los habíamos recorrido,
volví a mirarte y no habíamos cambiado.
Ahora, aquí, siento tus latidos,
casi siempre, en estas mis paredes.

DIE GESPENSTER

Die Gespenster kamen mit uralten Erinnerungen.
Und als wir begriffen, dass wir dies schon durchschritten hatten,
schaute ich dich wieder an und wir waren dieselben geblieben.
Hier und jetzt spüre ich deinen Herzschlag,
fast immer, in diesen meinen Wänden.

AÑOS HA

Estos huesos
ya no pueden más,
se dijo el anciano,
solitario en la pradera
mientras comía el costillar
de la hiena
que acababa de matar.
Cuando el sol se puso,
el viejo cazador
todavía roía los huesos de la bestia.

SO LANGE SCHON

Diese Knochen
können nicht mehr,
sagte sich der Alte,
einsam im Gras,
derweil er die Rippe
der Hyäne aß,
die er gerade erlegt hatte.
Als die Sonne unterging,
nagte der alte Jäger
immer noch an den Knochen des Tiers.

ATÓNITOS

A veces no sé qué decir,
ni expresar lo que yo quiero.
Tan difícil.
Lejano de mi canto, de mi verso,
del oleaje que marea,
esto que escribo como lava fresca,
va saliendo sin saber qué vendrá,
y desde el volcán
siento lágrimas de fuego
que caen por mis mejillas.
Muy lejanos escucho unos gruidos,
mientras nosotros, por ventura, gozamos la zarabanda
que no nos deja nunca.

SPRACHLOS

Manchmal weiß ich nichts zu sagen,
kann nicht ausdrücken, was ich will.
So schwierig.
Fernab von meinem Gesang, von meinem Vers,
vom Wellengang, der seekrank macht,
was ich wie frische Lava niederschreibe,
quillt hervor, ohne die Richtung zu kennen,
und vom Vulkan her
spüre ich Feuertränen
über meine Wangen fließen.
Von fern her vernehme ich Krächzen,
während wir glücklich die Sarabande genießen,
die uns nie verlässt.

CALLAR

Mejor no volver a decir nada,

para qué.

Mejor callar

y silenciar el momento sin peros,

retirarse.

para qué decir,

si esta sala sola,

no escucha ni el silencio.

Mis pasos retumban ahora.

La función pasó

y el aplauso, extraña circunstancia,

es un despedir lo que no fue.

No pretendas decir sé.

SCHWEIGEN

Besser nichts mehr sagen,
wozu auch.
Besser still sein,
ein Moment des Schweigens ohne Aber,
sich zurückziehen.
Wozu etwas sagen,
wo doch in diesem einsamen Saal
nicht einmal die Stille zu hören ist.
Der Widerhall meiner Schritte, jetzt.
Die Vorstellung ist zu Ende
und der Applaus, merkwürdiger Umstand,
ist ein Abschied von dem, was nicht war.
Komm ja nicht und sage: Ich weiß.

NOCHE DE VERANO

El conocimiento de las palabras
es algo para expresar las cosas.
Pensaba un filósofo,
mientras se rascaba la cabeza
y jugaba con un lápiz.
Y ahora qué más sigue?
El hacedor, el que todo lo sabe,
lo veía y esperaba.
Afuera, se podía oir a los borrachos
cantando polkas en la calle.
Adentro, unos fantasmas
volaban por ahí.
Y ahora qué?
Pensaba mientras se rascaba la cabeza
y los fantasmas volaban por ahí.

SOMMERNACHT

Die Kenntnis der Wörter
lässt uns die Dinge benennen.
Dachte der Philosoph,
kratzte sich am Kopf
und spielte mit dem Bleistift.
Und was folgt daraus?
Der Macher, der Allwissende,
sah ihn und wartete ab.
Draußen waren die Betrunkenen zu hören,
wie sie auf der Straße Polkas sangen.
Hier drinnen flogen
ein paar Gespenster umher.
Und jetzt?
Dachte er, kratzte sich am Kopf,
und hier flogen die Gespenster umher.

POR SI ACASO

Por querer tanto,
el sentir se me
ha salido de las manos.
Ahora el sentimiento
se ha vuelto
un despertar
y no saber
si es mañana
o es ayer.
Querer tanto se ha vuelto
no recordar el amor
y sentir que todo lo
querido no es más
que viruta que llevo
en los bolsillos.
Pero, no creas, te tengo a ti.

FÜR ALLE FÄLLE

Durch übermäßiges Lieben
ist mir das Fühlen
aus den Händen geglitten.
Jetzt wurde aus dem Gefühl
ein Erwachen
und Nichtwissen,
ob es morgen
oder gestern ist.
Durch übermäßiges Lieben
gerät die Liebe in Vergessenheit
und ich fühle, dass alles Geliebte
nichts weiter ist
als eine Fluse, die ich
in der Tasche trage.
Aber glaub es nicht, ich hab ja dich.

NO ESTOY SOLO

La magia de decir las cosas
es saber que
el universo está en tu gesto,
en tu lengua.
La magia de sentirte
es verte en cada espejo
y saber que no estoy solo.
Tu mirada quema mi piel
y yo aquí, cerca de tí,
amando este instante tan eterno.

ICH BIN NICHT ALLEIN

Der Zauber, die Dinge zu benennen,
lässt uns verstehen,
das Universum liegt in deiner Geste,
in deiner Zunge.
Der Zauber, dich zu spüren,
lässt dein Bild auf jedem Spiegel erscheinen,
und ich weiß, ich bin nicht allein.
Dein Blick brennt auf meiner Haut,
und ich hier, bei dir,
liebe diesen so ewigen Augenblick.

EL SUEÑO

Las ideas reposan,
el silencio invade la noche,
vacía de todo.
Sin margen, ni límites.
De repente se vuela entre nubes
que flotan aquí en la habitación.
En un campanario dan las doce.

DER TRAUM

Die Ideen ruhen
und Stille erfüllt die Nacht,
von allem entleert,
ohne Ränder, ohne Grenzen.
Plötzlich der Flug durch Wolken,
die durch dieses Zimmer treiben.
Eine Turmuhr schlägt zwölf.

CONTRATIEMPO

El golpe que tiene esta canción
me recuerda
el último suspiro
del papel cuando se quema.
Fue el día
que se llevaron a los inocentes.
Era silencio
Y no se oía sino
el pasar de las hojas
a las 5 y 37.
De los inocentes,
ninguno regresó.

MISSGESCHICK

Der Takt in diesem Lied
erinnert mich
an den letzten Seufzer
des brennenden Papiers.
Es war der Tag,
als sie die Unschuldigen abholten.
Es war still
und man hörte nur
das Umschlagen der Blätter
um 5 Uhr 37.
Von den Unschuldigen
kehrte keiner zurück.

AUSENCIA DE PRISA

Yendo de prisa sentimos los pies volando
y alargamos el aliento para no agotarnos.
Yendo de prisa divisamos el momento
y seguimos al vacío sin perdernos,
dejando que los ojos vayan conociendo
lo que no existía.
Solo el eco de tus pasos, en el salón,
hace que las copas vibren.

KEINE EILE

Eilig schreitend spürten wir die Füße in der Luft
und atmeten langsamer, um nicht ohnmächtig zu werden.
Eilig schreitend sahen wir den Augenblick kommen
und näherten uns zielstrebig dem Abgrund,
und langsam erkannten die Augen,
was nicht existierte.
Nur das Echo deiner Schritte im Zimmer
lässt die Gläser vibrieren.

EN LA HAMACA

La soledad me gusta
porque me deja respirar.
Dijo el jardinero
esta mañana
aspirando su rosal.
Faltaba poco para que llegaras.
En la hamaca,
que hay en el jardín,
dormité y allá me dije
entre suspiros:
la soledad me gusta
porque lo tengo todo.
En la hamaca,
qué paciente soledad.

IN DER HÄNGEMATTE

Ich mag die Einsamkeit,

weil sie zu atmen hilft.

Das sagte der Gärtner

als er heute morgen

seinen Rosenstock goss.

Bald würdest du kommen.

In der Hängematte,

hier im Garten,

döste ich und sagte mir

seufzend:

Ich mag die Einsamkeit,

weil ich alles habe.

In der Hängematte,

wie viel Geduld und Einsamkeit!

QUIÉN SABE

¿Quién posó en tus ojeras
la noche
y en tus ojos el mar?
¿Por quién, en tus ojos,
lagunas nacen?
¿por qué tus ojeras
ennegrecen el cielo?
¿Serán los rayos
que dejaste
cuando todo vacío
llenó la nada?
No lo sé,
pero el mundo se me fue.

WER WEIß

Wer legte um deine Augenringe
die Nacht
und in deine Augen das Meer?
Für wen gebären deine Augen
Lagunen?
Warum färben deine Augen
den Himmel schwarz?
Sind es die Blitze,
die du aussandtest,
als all die Leere
das Nichts füllte?
Ich weiß es nicht,
aber mir kam die Welt abhanden.

ÓYEME

La frecuencia
en la que escucho
tus pasos en la radio,
la sintonizo
en los confines
de mi ser.
Es un taconeo
lejano
que aun
ronda por ahí.

HÖR MICH AN

Die Frequenz,
mit der ich deine Schritte
im Radio höre,
verlege ich
an die Grenzen
meines Seins.
Das ist ein fernes
Stampfen,
das immer noch
um mich kreist.

EN LAS NUBES

Soñar ochenta días,
soñar ochenta noches,
con un fuego
que sale de la esquina.
Llamas.
Como la llama,
El viento que lleva y trae
no ha vuelto
y yo esperando
la sonrisa del delfín.
Mientras,
vamos pisándole los talones
a la bruma.

IN DEN WOLKEN

Achtzig Tage träumen,
achtzig Nächte träumen
von einem Feuer,
das der Ecke entspringt.
Flammen.
Wie die Flamme,
kam auch der Wind, der bringt und nimmt,
nicht mehr zurück,
und ich warte hier
auf das Lächeln des Delfins.
Derweil
sind wir dem Nebel
auf der Spur.

HOY

A Edelmira Maza, hacedora de este jaleo

En resumen,

son todas las cosas

que puedo hacer por ti.

Luego voy ahí,

aquí o allí,

recorriendo los días

para aprender a conocerlos

y sentirlos sin punto, muy lejanos,

en cada momento que tú quieras.

Porque son tuyos.

Los míos.

Son nuestras,

las cosas.

Son nuestros,

los días.

HEUTE

Für Edelmira Maza, Stifterin dieses Projekts

Kurz gefasst
ist das alles,
was ich für dich tun kann.
Dann gehe ich,
hierhin und dorthin,
durchstreife die Tage,
will sie kennenlernen
und sie einfach nur spüren, weit weg,
wann immer es dir beliebt.
Denn es sind deine.
Die meinigen.
Unser sind
die Dinge.
Unser sind
die Tage.

ALÓ

Por qué llamar al cielo,
si ya todo quedó ayer
con los fantasmas
lamiendo mis heridas
en esta soledad.
Por qué llamar
si a pesar de este radiante atardecer,
sigo llevando tus aromas en mi patio.
Para qué llamarte
si no te desprendes
de mis poros.

HALLO

Wozu den Himmel anrufen,

wo doch alles vorbei ist,

mit den Gespenstern,

die meine Wunden lecken

inmitten dieser Einsamkeit.

Wozu anrufen,

wenn ich trotz dieses strahlenden Abendrots

deine Aromen in meinen Patio mitnehme.

Wozu dich anrufen,

wenn du dich nicht

aus meinen Poren löst.

LA ESTRELLA

Miraba el cielo
y oí cuando me dijo:
la mínima expresión
es lo más sublime
de la estética.
Vi
cómo se apagaba.
De repente,
un buho
rompió el silencio.

DER STERN

Ich betrachtete den Himmel
und hörte, wie er mir sagte:
Der minimalste Ausdruck
ist das Erhabenste
der Ästhetik.
Ich sah,
wie er verlosch.
Plötzlich
durchbrach eine Eule
die Stille.

SIN FIN

El orden de las
palabras
para decir cosas,
tan difícil.
Así, pensando,
me digo que qué
bueno es el silencio
para no hablar
del ajedrez de letras
que tengo enrocadas
sin salida.
Arriba las estrellas
se mueven armoniosas
y vuelvo a respirar.

ENDLOS

Die Anordnung der
Wörter,
um die Dinge zu sagen,
so schwierig.
Da denke ich
und sage mir, wie
gut ist doch die Stille,
um nicht zu reden von den
Schachfiguren der Wörter,
die Rochade
mit mir spielen.
Oben bewegen sich
harmonisch die Sterne,
und ich atme wieder.

IMAGEN

Mientras limpiaba
su pistola,
el soldado
pensaba en las medallas
y honores obtenidos
por sus acciones
en el campo de batalla.
De repente, sus recuerdos
se alejaron
cuando vio que el arma
se empapaba
con su llanto.
Un cañonazo
resonó a poco distancia.

BILD

Beim Säubern

seiner Pistole

dachte der Soldat

an die Medaillen

und Auszeichnungen

für seine Taten

auf dem Schlachtfeld.

Plötzlich verschwanden

seine Erinnerungen,

als er sah, wie seine Waffe

nass wurde

von seinen Tränen.

Ein Schuss

dröhnte in nächster Nähe.

MEJOR CALLAR

"Es sin límites, infinito
Frente a ello, ninguna palabra"
Ryokan (Poemas del gran loco)*

De silencio se alimentan

mis palabras.

Así, tan solo el pensamiento

mudo, escondido,

espera por mí.

Pasan siglos y amanece.

Entonces abro la puerta,

y entran en estampida

27 letras

que, como un vendaval,

desordenan las hojas

que hay sobre la mesa.

Ellas vuelan

y yo callo.

La puerta sigue abierta

Y afuera no veo nada. A nadie.

* Ryokan (1758–1831) era un monje zen que vivía como eremita.

BESSER ZU SCHWEIGEN

"Keine Grenzen, Unendlichkeit
Dazu kein Wort"
Ryokan (Gedichte des großen Irren) *

Die Nahrung meiner Worte
ist das Schweigen.
So wartet nur das stumme
Denken, versteckt,
auf mich.
Jahrhunderte vergehen und es wird Tag.
Da öffne ich die Tür
und ins Zimmer stürmen
27 Buchstaben,
die wie ein Sturmwind
die Blätter auf dem Tisch
durcheinanderwirbeln.
Sie fliegen
und ich schweige.
Die Tür steht noch offen
und draußen sehe ich nichts. Niemanden.

* Ryokan (1758–1831) war ein Zen-Mönch, der als Eremit lebte.

SIN DUDA

Soy pescador de sugerencias,
de preguntas.
Con razón busco
el sueño
cuando pienso y
aparece el verbo.
Es como tener derecho
a interpretar
ahora, ayer y siempre
siempre,
sin perder el sentido
cada vez
que escribo.

ZWEIFELLOS

Ich fische nach Anregungen,
nach Fragen.
Zu Recht suche ich
den Schlaf,
wenn ich denke, und dann
erscheint das Wort.
Das gibt mir das Recht
zu interpretieren
jetzt, gestern und stets,
ohne den Verstand zu verlieren,
jedes Mal,
wenn ich schreibe.

REPASO

Ahora que no puedo decir nada
pues lo dicho dicho está,
repaso la noche y la alegría.
Es entonces cuando en este momento,
al alba,
recorro los espacios y
resquicios de las horas
para retomar las risas
y los vinos
que me ha regalado esta casa.
Amanece de nuevo
y yo aquí, al frente
de este mundo,
no puedo más que
alegrarme y recordarte.
Afuera los gorriones empiezan
su concierto.

REVUE

Jetzt da ich nichts sagen kann,

denn es ist schon alles gesagt,

lasse ich Nacht und Freude Revue passieren.

Und jetzt, in diesem Moment,

bei Sonnenaufgang,

durchschweife ich die Räume und

die Winkel der Stunden,

um das Lachen und den Wein,

den mir dieses Haus geschenkt hat,

noch einmal zu durchleben.

Wieder wird es Morgen

und ich hier, im Angesicht

dieser Welt,

kann einfach nur froh sein

und an dich denken.

Da draußen stimmen die Spatzen

ihr Konzert an.

A LAS TRES

Cansado
de recorrer
tanta soledad,
una mañana,
tomó el camino
equivocado
y reencontró
a todos sus
amigos.
Una mañana a las tres.

DREI UHR MORGENS

Nachdem er
so lange einsam
gegangen war,
schlug er
eines Morgens
den falschen Weg ein
und traf
alle seine Freunde
wieder.
Eines Morgens um drei.

ÍNDICE / Inhalt

.